Andreas Öttlinger

Die Macht der Liebe und Gefühle

Andreas Öttlinger

Die Macht der Liebe und Gefühle

Sprüche und Weisheiten über die Liebe

Impressum

1. Auflage
Satz und Druck: Buchfabrik JUCO GmbH • www.jucogmbh.de

© Projekte-Verlag 188, Halle 2005 • www.projekte-verlag.de
ISBN   3-86634-036-2
Preis: 9,90 EURO

Liebe Leser,

schon viele Menschen haben über die Liebe ihre Gedanken zu Papier gebracht. Wünschen wir uns gemeinsam, dass es noch lange so bleibt.
Die Liebe in ihrer Kraft und Faszination ist mit Worten kaum zu beschreiben. Sie ist in der Lage, uns vom höchsten Glücksgefühl bis zum tiefsten Hass durch unser Leben zu begleiten. Oft kommt sie überraschend wie das Blitzeis auf der Straße oder sie rieselt so leise und heimlich wie Schneeflocken auf uns nieder.
Liebe vermag es, dass wir die kreativste Seite an uns entdecken, und doch bringt sie oft unser Gefühlsleben ins totale Chaos. Heute sind wir in der Lage, Berge zu versetzen, doch schon morgen zerreißt sie uns das Herz! Ohne Liebe aber wäre es traurig, trübe und einsam auf dieser Welt.
Gefühle, Gedanken und kleine, aber ratsame Liebesweisheiten habe ich in diesem Taschenbuch für alle die, die Liebe erleben und sich ihrer Schönheit, Kraft und Faszination stellen wollen, zu netten Reimen und Sprüchen verarbeitet.

Also, lasst euch entführen ins Reich der Gefühle und der Liebe!

Euer Herzwiesel

Schmetterlinge sind schön bunt,

sie flattern über Wiesen,

doch hast du sie in deinem Bauch,

so musst du das genießen!

Denn plötzlich wird dir heiß und kühl

und so entsteht dein Glücksgefühl.

Das Leben ist es, was uns lehrt,

allein zu bleiben, ist verkehrt!

Denn wenn man einen Menschen liebt,

was einem Grund zur Freude gibt,

ist vieles leichter zu ertragen,

in schönen wie in schweren Tagen.

Was nützt dir alles Gold der Welt,

wenn dir das Glück des Herzens fehlt!

Ein lieber Mensch, der dich begehrt

und voller Liebe sich verzehrt.

Zwei Arme haltend nach dir suchen,

zwei Augen schauen, wo du bist.

Will dich umarmen, will dich spüren,

hab niemals jemand so vermisst!

Ich streichle dich ganz zärtlich

und halte dich ganz sacht,

nehm' dich in meine Arme

und sage dir gut' Nacht.

Ich werde dich behüten,

damit dir nichts geschieht,

weil es mich voller Liebe,

an deine Seite zieht!

Sonne, Mond und Sterne,

sind so in weiter Ferne,

doch du, mein Schatz, bist nah bei mir,

ich liebe dich und danke dir!

So, wie Nebelschwaden über's Wasser zieh'n,

so, wie scheu die Rehe in den Wald entflieh'n,

so, wie die Abendsonne ins Meer versinkt,

uns die Nachtigall ihr schönstes Ständchen bringt.

Einfach wunderbar, dass es so schöne Dinge gibt!

Mein Schatz, ich möchte dir sagen, ich bin in dich verliebt!

Gefühle im Herzen bedeuten Schmerzen,

oft bin ich vom Schmerz hin und her gerissen,

denn du bist mein Schmerz

und ich möcht' dich nicht missen.

Voller Liebe, mein Schatz, so danke ich dir,

denn du bist der schönste Schmerz in mir!

Ein Macho ist ein armer Mann,

der dir Gefühl nie geben kann.

Er ist nur auf sich selbst bedacht,

hat viel zu oft dich nur belacht.

Verletzt dich heut', verlässt dich morgen,

er liebt dich nicht, macht dir nur Sorgen.

Darum, ihr Frauen, gebet Acht,

wählt euren Mann aus mit Bedacht!

Hab' ich doch immer nachgedacht

und alles je geplant gemacht,

so steh' ich plötzlich hilflos da

und weiß es selbst nicht, wie's geschah!

Doch halt' mich fest, ich bin verliebt

und froh, dass es dich für mich gibt!

Im Himmel wurden gestern die Engel gezählt

und erschrocken war Gott, als einer fehlt.

Er suchte dich dort und er suchte dich hier,

doch er kann dich nicht finden, denn du bist ja bei mir!

Spiegelndes Feuer in deinen Augen,

die Süße von Trauben in deinem Gesicht.

Voller Ohnmacht, so bin ich in dir verloren,

was wäre mein Leben nur,

gäb' es dich nicht!

So viel Tränen ich vergieße,

so viel Schmerz mein Herz zerfrisst,

wie lang muss ich mich noch quälen,

bis du wieder bei mir bist?

Liebe ist Begehren,

Begehren ist Verzehren!

Ganz sacht berühren, Feuer spüren,

sinnlich verschmelzen, um zu explodieren!

Das alles ist die „Liebe",

wenn sie doch ewig bliebe!

Die Sonne am Abend ins Meer versinkt
und der Wind sacht die Wellen zum Ufer bringt.

Es ruft jede Welle ganz leis' deinen Namen
und ich spür' noch erregt, wie wir uns näher kamen.

Der Duft von dir liegt noch auf meiner Haut,
wir waren uns plötzlich so nah und vertraut.

Vom Verlangen getragen, sich sacht zu berühr'n,
vom Begehren ermutigt, sich heiß zu verführ'n.

Zu oft ist's Vernunft, die uns belehrt
und uns aber so dieser Sehnsucht entbehrt!

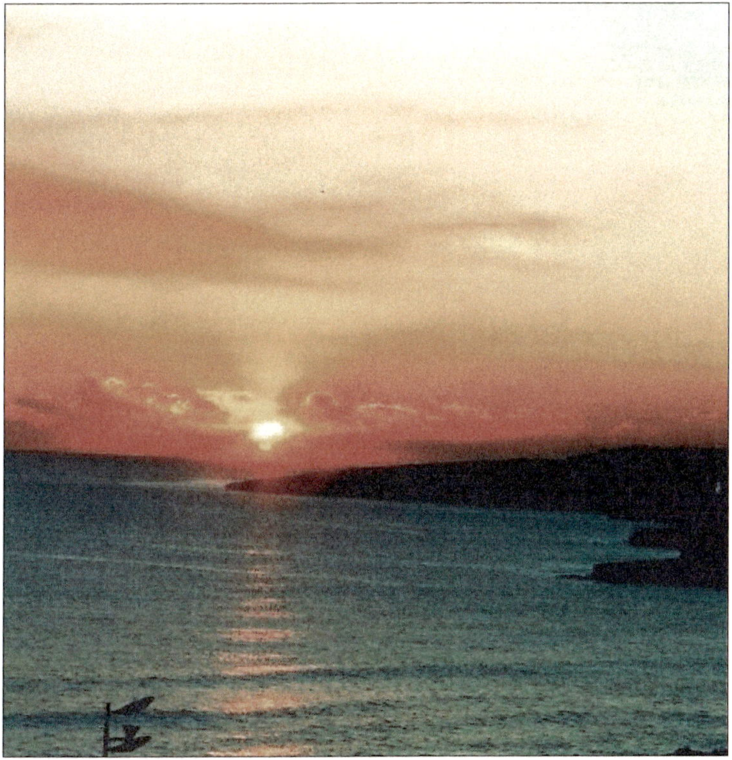

Gefühle zu haben, ist nicht schwer,

Gefühle zu zeigen, dagegen sehr!

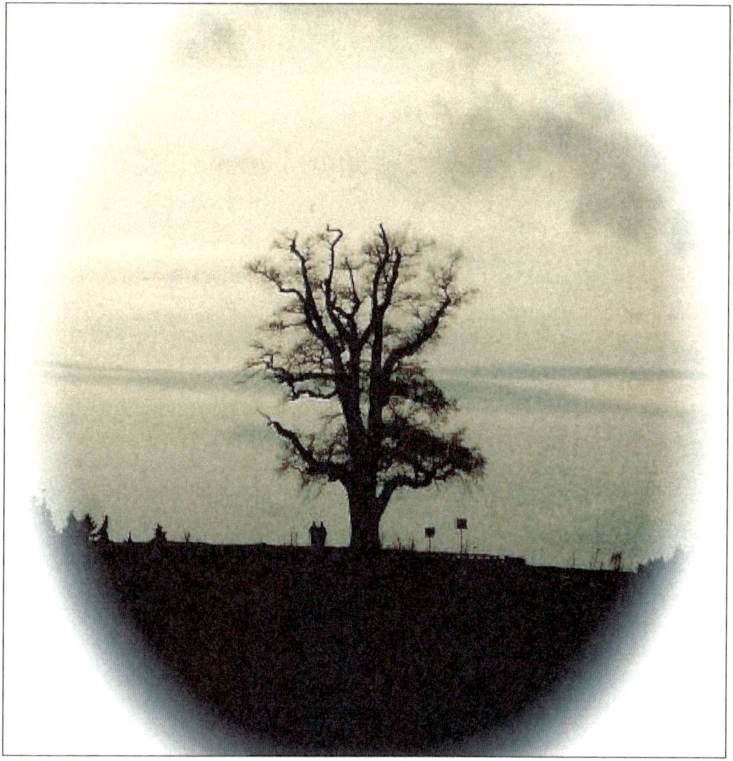

Mach dir die Mühe, zu erkennen,
wer ist der Mensch da, der mich liebt,

denn er hat nicht die kleinste Chance,
wenn es nur Vorurteile gibt!

Doch öffnest du dein Herz
und reichst ihm deine Hand,

so wird vielleicht dein Leben
ganz plötzlich interessant.

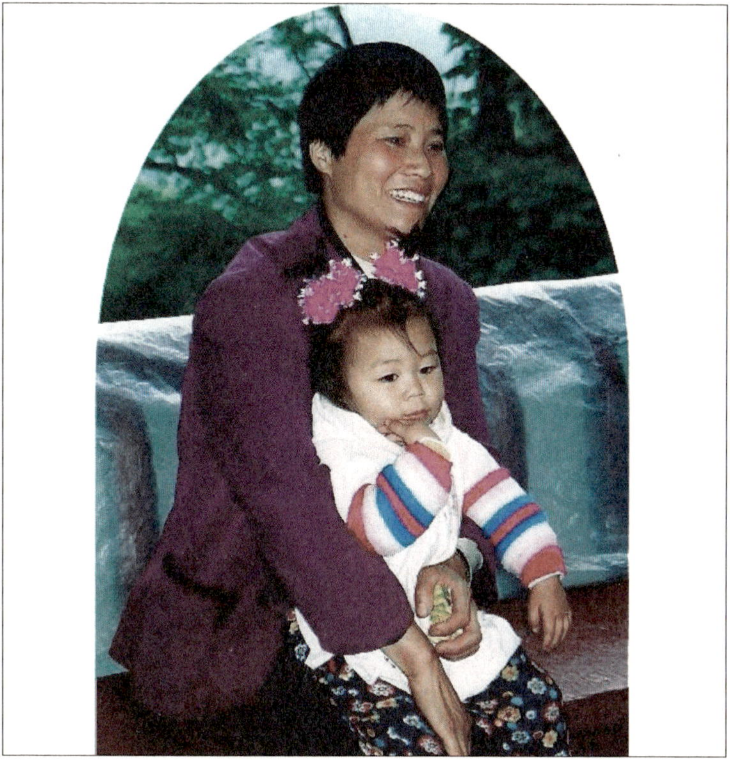

Liebe ist wie ein Wirbelsturm!
Wenn sie kommt,

wirbelt sie alles um dich herum durcheinander,
bläst dir die Vernunft aus dem Kopf

und macht dich taub für alle Warnsignale von außen!
Aber dennoch ist sie mit ihrer Kraft faszinierend,

schön und gefährlich zugleich!

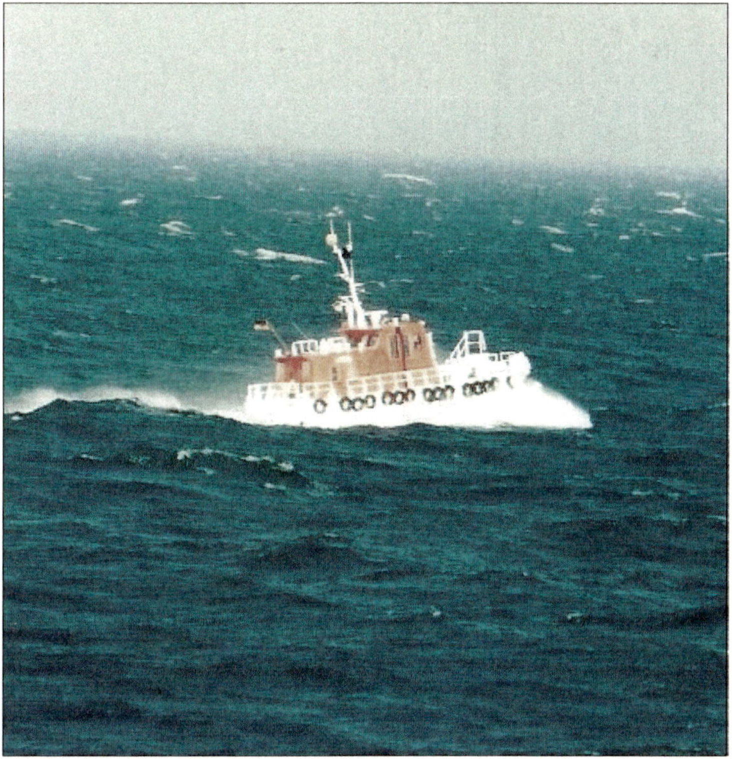

Liebe ist wie ein gutes Essen!

Erstens muss man sich vom Vorurteil befreien,

man könne nicht kochen und zweitens

sind es all die kleinen Zutaten,

die alles gelingen und schmecken lassen!

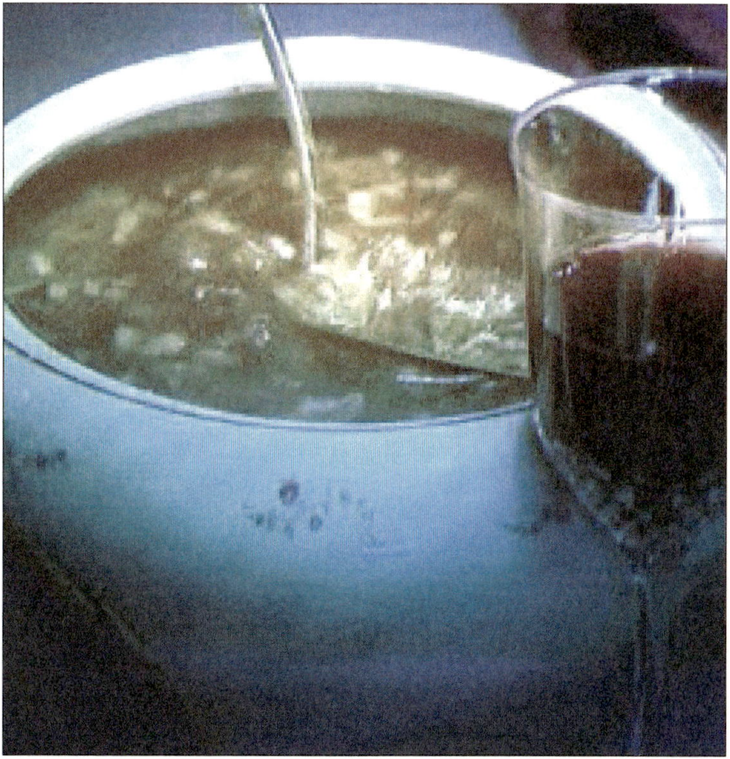

Ein Macho ist ein Mann, der Frauen sammelt wie

Briefmarken

und dabei jeder Frau glaubhaft macht,

dass sie seine wertvollste Marke ist.

Doch in Wirklichkeit ist sie nur „eine unter Vielen"!

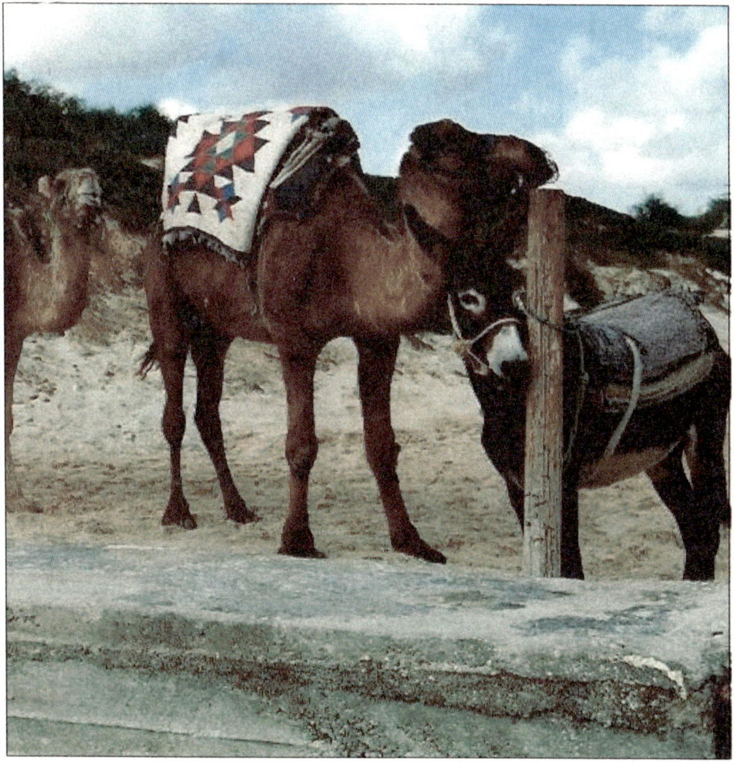

Berühre mein Herz nicht nur mit der Hand.

Verführ' mich mit Seele, Humor und Verstand.

Weck' in mir Verlangen, Begehren und Gier,

zeigst du mir die Liebe, gehör' ich nur dir!

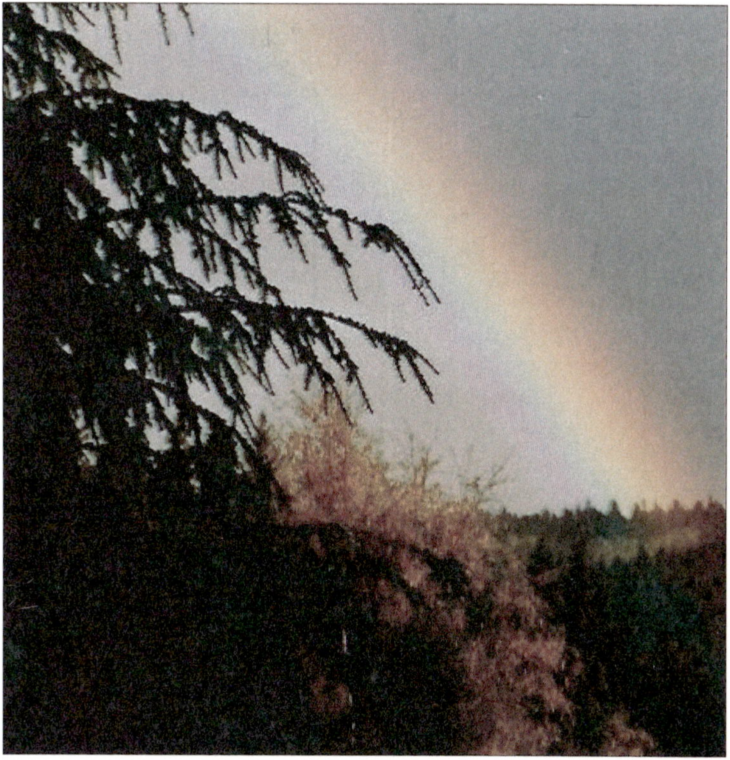

Ganz leise und ganz unverhofft
warst du auf einmal da.

Kamst lächelnd aus dem Nichts daher,
weiß selbst nicht, wie's geschah.

Ich reiß' die Augen auf und staune,
was gäb' ich, wärst du mein,

viel schöner als die schönste Rose,
du musst ein Engel sein!

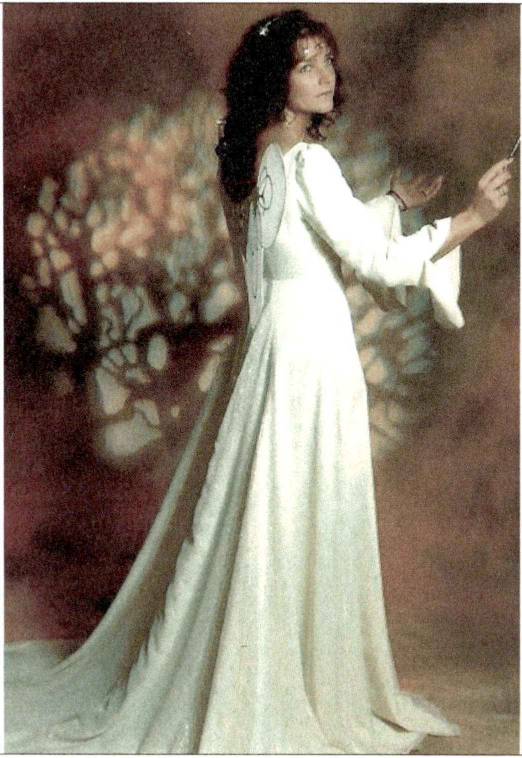